Ronny Ibe

Testumgebung zur Beurteilung der Leistungsfähigkeit evolutionärer Algorithmen

GRIN Verlag

Bibliografische Information der Deutschen Nationalbibliothek:

Die Deutsche Bibliothek verzeichnet diese Publikation in der Deutschen National-
bibliografie; detaillierte bibliografische Daten sind im Internet über http://dnb.d-
nb.de/ abrufbar.

Impressum:

Copyright © 2005 GRIN Verlag GmbH
Druck und Bindung: Books on Demand GmbH, Norderstedt Germany
ISBN: 978-3-638-72523-1

Dieses Buch bei GRIN:

http://www.grin.com/de/e-book/66665/testumgebung-zur-beurteilung-der-leistungs-
faehigkeit-evolutionaerer-algorithmen

GRIN - Your knowledge has value

Der GRIN Verlag publiziert seit 1998 wissenschaftliche Arbeiten von Studenten, Hochschullehrern und anderen Akademikern als eBook und gedrucktes Buch. Die Verlagswebsite www.grin.com ist die ideale Plattform zur Veröffentlichung von Hausarbeiten, Abschlussarbeiten, wissenschaftlichen Aufsätzen, Dissertationen und Fachbüchern.

Besuchen Sie uns im Internet:

http://www.grin.com/

http://www.facebook.com/grincom

http://www.twitter.com/grin_com

Martin Luther Universität Wittberg
Seminar: Operations Research

Testumgebung zur Beurteilung der Leistungsfähigkeit evolutionärer Algorithmen

Ronny Ibe

2005

Inhaltsverzeichnis

Abbildungsverzeichnis

1. Evolutionäre Algorithmen

1.1. Vorbemerkung

Seit Beginn der 1990´er Jahre haben Evolutionäre Algorithmen (EA) als universell anwendbare Verbesserungs- und Optimierungsstrategien eine weite Verbreitung in allen Bereichen von Wirtschaft und Forschung gefunden. Ihr großer Erfolg liegt u.a. in der Tatsache begründet, dass ihre Anwendung auf einem scheinbar einfachen und leicht nachvollziehbarem Prinzip, dem Darwinschen[1] Evolutionsparadigma, oder etwas zugespitzt ausgedrückt, dem „survival of the fittest" basiert: Durch die Anwendung von Variation und Selektion auf eine Population von Lösungsalternativen werden nach dem Muster der Natur schrittweise bessere Lösungen gefunden und auf diese Weise Optima bestimmt – oder zumindest approximiert.

1.2. Evolutionäre Standardalgorithmen

Mit der zunehmenden Leistungsfähigkeit von Rechnern hat in den letzten Dekaden eine Entwicklung begonnen, die zu den drei heutigen Hauptströmungen Evolutionärer Algorithmen führte.

Ingo Rechenberg und Hans-Paul Schwefel arbeiteten etwa an der Optimierung des Windwiderstandes eines Stromlinienkörpers. „Als das Problem mathematisch nicht gelöst werden konnte, kam man auf den Gedanken, durch die Nachahmung evolutionärer Prinzipien in vereinfachter Form, den Körper sukzessiv zu optimieren. Aus diesen Überlegungen der praktischen Optimierung entstand die *Evolutionsstrategie* (ES)."[2]
Sie verwendet kontinuierliche Parameter und Mechanismen zur Selbstadaption ihrer Steuerungsparameter und ist vor allem auf Optimierungsprobleme mit kontinuierlichen Parametern zugeschnitten.

„John H. Holland schließlich ging es bei seinen Untersuchungen um eine Theorie adaptiver Systeme, welche über die Biologie hinausging und auch Phänomene ganz anderer Bereiche, wie z.B. der Ökonomie, einschloß. Seine zur Modellierung adaptiver Prozesse vorgeschlagenen (...) *Genetische Algorithmen* (GA) beruhten auf einer Abstraktion und Generalisierung des Populationskonzepts, der genetischen Codierung und Genetischer

---

[1] Charles Darwin (1809-1882), heute oft als Vater der Evolutionstheorie bezeichnet
[2] [NISS97], S.9

Operatoren."[3] GA verwenden in ihrer ursprünglichen Form eine binäre Codierung, so dass sie sich vor allem für die kombinatorische Optimierung eignen.

Besondere Bedeutung unter den vielen Verfahrensvarianten hat auch die *Genetische Programmierung* (GP) erlangt, deren Grundgedanke darin besteht, „(...) Lösungen in Form von Computerprogrammen zu repräsentieren, die dann mit den Mechanismen der Evolution verändert werden."[4]

Die Suche nach einer Möglichkeit, künstlich intelligente Automaten zu entwerfen, die „(...) einerseits innovative Problemlösungen generieren, andererseits aber auch Schlussfolgerungen auf das Funktionieren des menschlichen Intellekts zulassen"[5], bestimmte die *Evolutionäre Programmierung* (EP), mit den Hauptoperatoren Mutation und Selektion. EP spielt aufgrund einiger einschränkender Annahmen heute aber eine eher geringere Rolle als die anderen Richtungen.[6]

1.2.1. Terminologie

Die Terminologie der EA orientiert sich stark an der Terminologie der Evolutionstheorie und der Genetik. Eine einzelne Lösung eines Ausgangsproblems wird als *Individuum* bezeichnet. Jedes Individuum hat eine bestimmte Güte, welche äquivalent in der Natur zu finden ist, wo sie die Überlebensfähigkeit eines Individuums beschreibt. Diese Güte bezeichnet man als *Fitness*. Aufgabe der EA ist es, das Individuum mit der höchstmöglichen Fitness zu finden, da es die optimale Lösung für das Ausgangsproblem darstellt. Mehrere Individuen werden zu einer *Population* zusammengefasst, die über den gesamten Lösungsraum „verstreut" sein kann. Wird eine Population im Laufe des Algorithmus durch eine neue ersetzt, so spricht man – wie in der Natur – von *Generationen*. Ein Individuum besitzt eine Reihe von Eigenschaften bzw. Parametern, die letztendlich die Fitness bestimmen. Die Einheiten, die diese Parameter repräsentieren, werden *Gene* genannt. Ein Gen kann verschiedene Werte annehmen, welche man als *Allele* bezeichnet. Als *Chromosomen* bezeichnet man im Allgemeinen die Gesamtheit aller Gene eines Individuums.

---

[3] Ebenda, S. 9
[4] Ebenda, S. 11
[5] Ebenda, S. 9
[6] vgl. [GERKLAKRU], S. 2

1.2.2. Evolutionsstrategien

In den sechziger Jahren des zwanzigsten Jahrhunderts wurde von deutschen Wissenschaftlern versucht, die Evolutionstheorie auch für Suchalgorithmen auszunutzen. I. Rechenberg und H.-P. Schwefel erarbeiteten dabei eine Variante Evolutionärer Algorithmen, die sie *Evolutionsstrategien* nannten.

Ausgangspunkt bei den ES ist eine Population mit µ Individuen, wobei die Gene ausschließlich reelle Werte annehmen. Aus dieser Startpopulation werden λ Kinder durch Rekombination und anschließender Mutation (unter Beachtung der Mutationsschrittweiten) erzeugt, aus welchen im Anschluß µ neue Eltern selektiert werden, die dann die Startpopulation ersetzen. Dieser Prozess wird solange fortgeführt, bis ein Abbruchkriterium erfüllt ist. Man wird feststellen, dass bei ES die Mutation der wichtigste genetische Operator ist, da jedes neue Individuum mit dessen Hilfe erzeugt wird.

Mit ES wurden in ihren Einsatzgebieten sehr gute Ergebnisse erzielt, doch sie sind leider nicht so universell einsetzbar wie Genetische Algorithmen. Auch neigen sie eher als GA dazu vorzeitig in lokalen Optima „steckenzubleiben", weshalb heutzutage häufiger mit Genetischen Algorithmen als mit Evolutionsstrategien gearbeitet wird.[7]

1.2.3. Genetische Algorithmen

Um die Entwicklung einer Population von Lösungen eines Ausgangsproblems überhaupt simulieren zu können, müssen die Lösungen zunächst in geeigneter Form dargestellt werden. Man spricht hier von der Form der Kodierung, die zu wählen ist. Letztlich muss es möglich sein, mit der gewählten Repräsentation jede denkbare Lösung des Problems darstellen zu können. Ursprünglich wurde bei Genetischen Algorithmen ausschließlich die binäre Kodierung verwendet, d.h. Gruppen von Bits repräsentieren dabei jeweils ein bestimmtes Merkmal der Lösung. Heute werden jedoch zunehmend auch andere Kodierungsformen, wie reelle Zahlen oder Permutationsfolgen verwendet, da diese oftmals besser auf das Optimierungsproblem zugeschnitten und leichter verständlich sind.

Nach der Wahl einer geeigneten Kodierung muss noch definiert werden, was als Fitness der Individuen betrachtet wird. Üblicherweise ist dies eine Funktion, die von allen kodierten Parametern abhängig ist. Das Ziel des GA ist es nun, für diese Funktion ein

---

[7] vgl. [NISS94], S.140ff.

möglichst globales Maximum der Fitness-Funktion zu bestimmen und somit das Individuum zu finden, das die beste Lösung für das Ausgangsproblem darstellt.

1.2.4. Genetische Programmierung

Die Genetische Programmierung (GP), eine Variante der Genetischen Algorithmen mit einer besonderen Form der Lösungsrepräsentation, ist ein evolutionärer Ansatz, um automatisch ein Computerprogramm zu generieren, welches eine vorgegebene Aufgabenstellung erfolgreich bearbeitet. Als Lösung erhält man dabei ein allgemeines Programm, das auf eine betrachtete Klasse von Problemstellungen anwendbar ist. „Anders ausgedrückt untersuchte man, ob Computerprogramme, die eine gegebene Aufgabenstellung lösen können, sich nicht auch rein automatisch generieren lassen. Diese frühen Versuche hatten nur bescheidenen Erfolg, nicht zuletzt, weil noch keine hinreichend leistungsfähigen Computer verfügbar waren."[8]

Mögliche Anwendungen der GP sind das Lernen von Bool´schen Ausdrücken, das Lösen von Gleichungssystemen oder die Bestimmung von Zufallszahlen. Die Startpopulation besteht dabei aus einer Menge von Computerprogrammen, die zufällig aus vorab festgelegten Mengen problemangepasster elementarer Funktionen sowie passender Variablen und Konstanten generiert werden. Die Fitness eines Individuums sagt aus, wie gut das jeweilige Programm die gestellte Aufgabe löst. J.R. Koza erzielte unter Verwendung der Programmiersprache LISP sehr gute Erfolge mit Genetischer Programmierung.[9]

---

[8] [NISS97], S.111
[9] vgl. [NISS94], S.89ff.

2. Testumgebung Evolutionärer Algorithmen

Um die Leistungsfähigkeit von Evolutionären Algorithmen für spezielle Probleme oder Problemklassen beurteilen zu können, sollten geeignete Tests durchgeführt werden. Es muss genau bestimmt werden, welche Art von Tests für welchen Algorithmus am zweckmäßigsten sind. Generell lassen sich die notwendigen Tests in verschiedene Klassen einteilen:

1. Test mit bis auf die Parametereinstellungen identischen Algorithmen (Parameteradaption).
2. Test auf Leistungsfähigkeit auf einen Aufgabentyp beschränkt oder auch generell für unterschiedliche Aufgabentypen, je nachdem, ob die Lösung einer bestimmten Aufgabe oder die Entwicklung eines neuen Algorithmentyps im Vordergrund steht.
3. Vergleich unterschiedlicher Algorithmenarten.

Bei allen Tests besteht die Notwendigkeit einer im statistischen Sinne ausreichenden Anzahl von Simulationsläufen und der Berechnung des Mittelwerts (z.B. der besten erzielten Fitness jedes Simulationslaufes) über die Ergebnisse. Außerdem bietet es sich an ein Konfidenzintervall zu bestimmen, dass das entsprechende Intervall um den Mittelwert mit genügend hoher Wahrscheinlichkeit (95% oder mehr) überdeckt.

Tests mit Parameteradaption sollten eigentlich bei jedem Evolutionären Algorithmus durchgeführt werden, da Parameter, wie Populationsgröße, Mutations- und Crossoverraten stark mit der untersuchten Aufgabenstellung variieren können.[10] Die Anzahl der zu verwendenden Testfunktionen ergibt sich dann, wenn der Algorithmus auf eine spezielle Aufgabenstellung ausgerichtet wurde.

Eine Garantie für die Leistungsfähigkeit und Vielseitigkeit (bei fest gewählten Parametern) von EA kann auch bei der zweiten Variante nur die Verwendung einer größeren Anzahl von Aufgabenstellungen geben. Dementsprechend wurden schon frühzeitig Testfunktionen zusammengestellt, die bis heute die Grundlage der meisten Testverfahren bilden und einen möglichst großen Bereich an unterschiedlichen Eigenschaften abdecken:

---

[10] nur bei nicht-adaptiven Algorithmen, da dort Mutations- und Crossoverraten vom Algorithmus selbst angepasst werden

- stetig / nicht stetig
- konvex / nicht konvex
- unimodal / multimodal
- niedrigdimensional / hochdimensional
- deterministisch / stochastisch

Durch die häufige Verwendung dieser Testfunktionen eignen sie sich besonders für den Test neuer Verfahren, da entsprechend viel Vergleichsmaterial vorliegt.

Die dritte Variante, ein Vergleich mit anderen Algorithmenarten, wie z.B. dem Hillclimbing, der Tabu-Suche oder dem Simulated Annealing, ist gerade bei der Verwendung neuer Verfahren aus dem Bereich der EA angeraten, da diese Verfahren ihre Tauglichkeit gegenüber den anerkannten Verfahren erst unter Beweis stellen müssen. Problematisch bei der Auswahl von Vergleichsverfahren ist einerseits ihre Anwendbarkeit auf eine spezielle Aufgabenstellung, da diese zumeist sehr stark spezialisiert sind und andererseits die Schaffung einer fairen Testumgebung für zwei zu vergleichende Algorithmen, um die gleichen Voraussetzungen zu schaffen.[11]

2.1. Testfunktionen

Um einen bestmöglichen Vergleich von Optimierungsverfahren durchführen zu können, ist es notwendig eine faire Testumgebung zu kreieren, d.h. man müsste eigentlich immer noch die jeweiligen Parametereinstellungen berücksichtigen bzw. nur optimale Einstellungen zulassen. Dies ist jedoch in der Regel kaum möglich, da es eine Vielzahl von Variationsmöglichkeiten der Parameter gibt und man die optimalen Einstellungen häufig gar nicht kennt. Aus diesem Grund hat sich in der Evolutionsforschung und in der Literatur ein recht pragmatischer Ansatz durchgesetzt. Es werden einfach einige Funktionen definiert, die zum Testen der Algorithmen herangezogen werden. Diese Testfunktionen werden generell so gewählt, dass die zu vergleichenden Verfahren im Mittel gleichermaßen bevorzugt und benachteiligt werden. „Dabei spielt insbesondere das Verhalten der Algorithmen bei Testfunktionen eine Rolle, die viele lokale Optima und/oder Plateau-Flächen aufweisen, um festzustellen, wie leicht die Algorithmen in solche „Fallen

---

[11] vgl. [GerKlaKru], S.163f.

tappen", und um festzustellen, ob sie aus diesen Fallen durch Mutation oder Rekombination wieder herauskommen."[12]

Im Folgenden werden Funktionen vorgestellt, die sehr heterogen sind. Sie enthalten stetige und unstetige, quadratische und nicht-quadratische, uni- und multimodale, niedrig- und hochdimensionale sowie stochastische und deterministische Funktionen. Zudem wurden sie so gewählt, dass sie viele „boshafte" Eigenschaften haben. Sie variieren stark hinsichtlich der Anzahl und der Verteilung der lokalen Minima sowie hinsichtlich der Verteilung der Werte der lokalen Minima und der Größe ihres Einzugsbereiches.

2.1.1. Das Sphären-Modell

Die Funktion, auch als „Sphären-Funktion" oder „Parabel-Funktion" bezeichnet, ist die einfachste Testfunktion. Sie ist stetig, konvex, quadratisch und unimodal, weshalb jedes Optimierungsverfahren das Optimum schnell finden sollte.[13]

$$f_1(x) = \sum_{i=1}^{n} x_i^2 \; ; \qquad -5.12 < x_i < 5.12$$

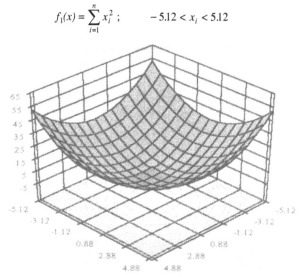

Abb.1: Sphären-Funktion von Rechenberg im R^3
Quelle: [SchöHeiFed], S. 223

---

[12] [SCHÖHEIFED], S.221
[13] vgl. [SCHÖHEIFED], S.223

2.1.2. Die Rosenbrock-Funktion

Die Testfunktion von Rosenbrock, aufgrund ihrer Gestalt auch als Rosenbrock´s Sattel bezeichnet, ist zwar ebenso stetig und unimodal, im Gegensatz zum Sphärenmodell jedoch biquadratisch. Das globale Minimum liegt in einem parabolisch geformten Tal mit sehr steilen Hängen und extrem flachen Boden. Daher wird das Tal von den meisten Optimierungsalgorithmen zwar sehr schnell gefunden, aber sie konvergieren jedoch in der Regel nur sehr langsam gegen das globale Optimum, da innerhalb des Tales der Gradient nur schwach abfällt.[14]

$$f_2(x) = 100 \times \left(x_1^2 - x_2^2\right)^2 + \left(1 - x_1\right)^2 \; ; \qquad -2{,}048 \le x_i \le 2{,}048$$

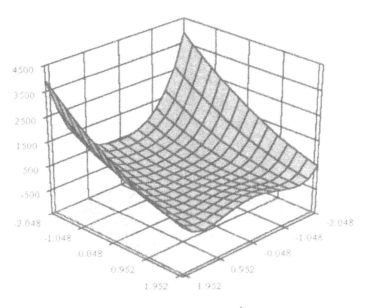

Abb. 2: Rosenbrock-Funktion im R^3
Quelle: [SchöHeiFed], S. 224

---

[14] Ebenda, S.224f.

2.1.3. Die Treppenfunktion

Die Treppenfunktion oder auch Stufenfunktion ist eine unstetige Funktion mit vielen Plateauflächen, die lokale Minima darstellen. Die Punkte innerhalb einer solchen Fläche haben alle den gleichen Funktionswert, was für viele Optimierungsverfahren, die sich bei der Suche nach dem Optimum nach den Funktionswerten richten, zum Problem werden kann. Ihnen fehlen dann die Anhaltspunkte, in welcher Richtung weiter nach dem Optimum (Minimum) zu suchen ist.[15]

$$f_3(x) = \sum_{i=1}^{n} integer(x_i) ; \quad -5,12 \le x_i \le 5,12$$

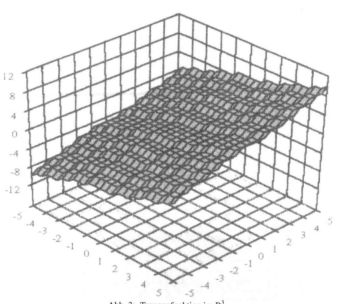

Abb. 3: Treppenfunktion im R^3
Quelle: [SchöHeiFed], S. 226

---

[15] Ebenda, S. 226

2.1.4. Funktion mit normalverteilter Störung

Die vierte Testfunktion, eine Funktion mit normalverteilter Störung, ist stetig und multimodal. Sie ist dadurch gekennzeichnet, dass ihre Grundfunktion durch einen Term moduliert wird, der ein normalverteiltes Rauschen auf die entsprechenden Funktionswerte addiert. Ein derartiges Rauschen kommt in der Realität häufig vor, da Funktionen ihren Funktionswert häufig mit Störungen behaftet zurückliefern.[16]

$$f_4(x) = \sum_{i=1}^{n} i \times x_i^4 + Gauss(x_i, 0, 1); \quad -1,28 \leq x_i \leq 1,28$$

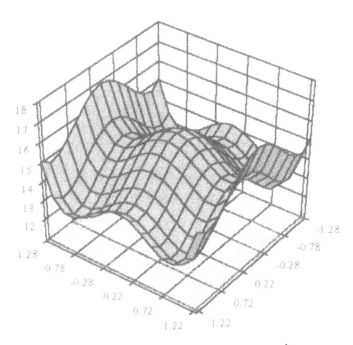

Abb. 4: Funktion mit normaverteilter Störung im R^3
Quelle: [SchöHeiFed], S. 227

---

[16] Ebenda, S. 227

2.1.5. Shekels Fuchsbauten

Die Funktion „Shekels Fuchsbauten"[17] ist eine äußerst schwierige Optimierungsaufgabe. Die zwar stetige Funktion ist allerdings hochgradig nichtlinear und multimodal. Sie bildet eine breite Plateau-Fläche mit einer Vielzahl von schmalen und unterschiedlich tiefen lokalen Minima („Fuchsbauten"). Die Schwierigkeit für Optimierungsverfahren besteht darin, dass ihr Algorithmus sich in einem dieser Minima verfängt und nicht wieder hinaus findet.[18]

$$f_5(x) = \sum_{j=1}^{25} \frac{1}{1 + \sum_{i=1}^{2} (x_i - a_{ij})^6} \; ; \quad -65{,}536 \le x_i \le 65{,}536$$

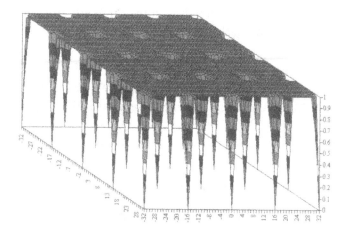

Abb. 5: Shekels Fuchsbauten im R^3
Quelle: [SchöHeiFed], S. 228

---

[17] engl. „Shekel´s foxholes"
[18] Ebenda, S. 227f.

2.1.6. Die Rastrigin-Funktion

Die Rastrigin-Funktion basiert zwar auf der einfachen quadratischen Funktion f_1, ist jedoch ähnlich kompliziert wie die „Fuchsbauten" von Shekel. Durch die Bildung ihres Graphen aus f_1 mit einem Modulations-Term auf der Basis des Cosinus ist sie multimodal. Das führt zu vielen kleinen Hügeln und Tälern und damit zu irreführenden lokalen Werten, was die Suche nach dem globalen Minimum erheblich erschwert.[19]

$$f_6(x) = 10n + \sum_{i=1}^{n} \left(x_i^2 - 10\cos(2 \times \pi \times x_i) \right); \quad -5{,}12 \leq x_i \leq 5{,}12$$

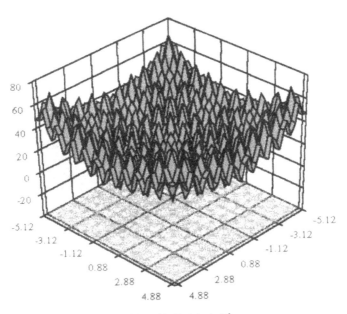

Abb. 6: Rastrigin-Funktion im R^3
Quelle: [SchöHeiFed], S. 229

---

[19] Ebenda, S. 228f.

2.1.7. Schwefels Rochen

Die erste der beiden Testfunktionen von H.-P. Schwefel ist recht einfach, da sie stetig, quadratisch und unimodal ist. Nichtsdestoweniger haben viele Optimierungsverfahren Probleme damit, dass der Gradienten-Anstieg nicht an den Koordinatenachsen ausgerichtet ist.[20]

$$f_7(x) = \left(\sum_{i=1}^{n} x_i \right)^2 ; \quad -65{,}536 \le x_i \le 65{,}536$$

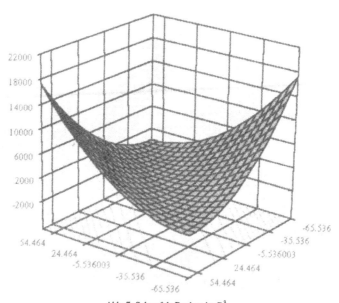

Abb. 7: Schwefels Rochen im R^3
Quelle: [SchöHeiFed], S. 230

---

[20] Ebenda, S. 227f.

16

2.1.8. Boshafte Schwefel-Funktion

Die zweite Testfunktion von Schwefel wird als „boshaft" bezeichnet, da sie, wie Shekels Fuchsbauten und die Rastrigin-Funktion, extra dafür konzipiert wurden, Optimierungs- und Suchverfahren in die Irre zu führen. Sie ist zwar stetig, aber hochgradig nichtlinear, multimodal und besitzt viele lokale Minima mit nahezu gleichem Funktionswert.[21]

$$f_8(x) = \sum_{i=1}^{n} -x_i \times \sin\left(\sqrt{|x_i|}\right); \qquad -500 \leq x_i \leq 500$$

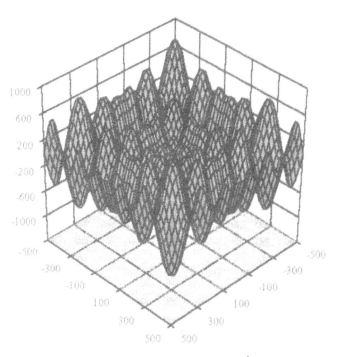

Abb. 8: Boshafte Schwefel-Funktion im R^3
Quelle: [SchöHeiFed], S. 228

---

[21] Ebenda, S. 229f.

2.1.9. Die Griewangk-Funktion

Die letzte der hier vorgestellten Testfunktionen, die Griewangk-Funktion, wird ähnlich wie die Rastrigin-Funktion aus einer einfachen quadratischen Grundfunktion durch Addition eines Cosinus-basierten Modulationsterms erzeugt. Sie ist stetig, hochgradig multimodal und besitzt extrem viele, weit verteilte lokale Minima, was sie zu einer äußerst schwierigen Aufgabe für viele Optimierungsverfahren macht.[22]

$$f_9(x) = \frac{1}{200} \sum_{i=1}^{n} x_i^2 - \frac{1}{2} \prod_{i=1}^{n} \left(\cos\left(\frac{x_i}{\sqrt{i}} \right) + 1 \right); \qquad -600 \le x_i \le 600$$

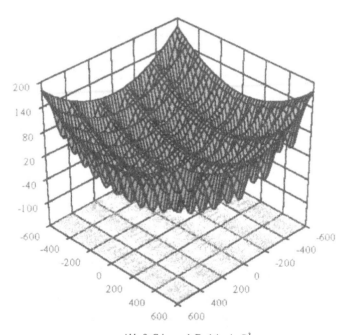

Abb. 9: Griewangk-Funktion im R^3
Quelle: [SchöHeiFed], S. 231

---

[22] Ebenda, S. 231

18

2.2. Kombinatorische Optimierungsprobleme als Testumgebung für EA

Eine weitere Möglichkeit Evolutionäre Algorithmen bewerten zu können ist der Vergleich mit anderen Algorithmen auf Basis kombinatorischer Optimierungsprobleme, zu denen sowohl das Travelling Salesman Problem (TSP) als auch das Rucksackproblem gehören. Insbesondere das TSP eignet sich zur Bewertung einzelner oder zum Vergleich mehrerer Algorithmen, weil für die meisten auf das TSP ansetzbaren Algorithmen Vergleichsdaten vorliegen.

Das *Travelling Salesman Problem* ist eines der bekanntesten Optimierungsprobleme im Bereich des Operations Research überhaupt. Auch als „Rundreise-Problem" oder „Problem eines Handlungsreisenden" bekannt, bezeichnet das TSP das Problem eines hypothetischen Handelsvertreters, eine bestimmte Menge an Städten zu bereisen und dabei jede Stadt genau einmal zu besuchen. Es wird hierbei die optimale (meist kürzeste) Route gesucht. Das Travelling Salesman Problem gehört zu der Klasse der NP-schwierigen Probleme, was bedeutet, dass bislang kein Algorithmus bekannt ist, der das Problem in polynomiellen Zeitaufwand lösen kann. Selbst bei den heutigen leistungsfähigen Rechnern ist das TSP für eine größere Anzahl von Städten praktisch nicht lösbar. Aus diesem Grund versucht man sich der optimalen Lösung mit Hilfe von Suchverfahren bestmöglich anzunähern.

Das dem Rucksackproblem ähnliche „*Bin-Packing-Problem*" gehört ebenfalls zu den kombinatorischen Optimierungsproblemen. Hierbei wird versucht eine vorgegebene Menge von Objekten mit festgelegten Größen in möglichst wenig Behälter gleicher Größe unterzubringen. Diese Art von Problemen ist sowohl im Transportbereich als auch sehr häufig im Bereich der Verschnittoptimierung zu finden.

Beim „*Job-Sheduling-Problem*", ein Optimierungsproblem aus dem Bereich der Maschinenbelegung, wird versucht eine bestimmte Anzahl von Jobs optimal auf eine bestimmte Anzahl von Maschinen zu verteilen. Dabei setzt sich jeder Job aus Teilarbeiten (Tasks) zusammen, die jeweils auf einer der Maschinen durchgeführt werden müssen. Die Reihenfolge der Abarbeitung der Tasks pro Jobs ist fest vorgeschrieben, die Reihenfolge der Maschinen und Belegungszeiten hingegen variiert von Job zu Job.

Auch ein wichtiges Standardproblem der kombinatorischen Optimierung ist das „Quadratic Assignment Problem" bei dem es darum geht, eine gewisse Anzahl von Objekten möglichst günstig auf verschiedene Orte zu verteilen. Man versucht die Gesamtkosten unter Berücksichtigung der Transportkosten je Streckeneinheit einerseits und der Transportstrecke andererseits zu minimieren.[23]

3. Problematik praktischer Leistungsvergleiche

Empirische Leistungsvergleiche der EA als Optimierungsmethode mit Konkurrenzverfahren ergaben eine relative Vorteilhaftigkeit der Evolutionären Algorithmen. Jedoch ist man sich in der Literatur uneinig darüber. So zeigen auf der einen Seite Untersuchungen keine Vorteile oder sehen EA sogar im Nachteil gegenüber anderen Optimierungsverfahren wie beispielsweise dem Simulated Annealing, Threshold Accepting oder dem Tabu Search. Auf der anderen Seite kann man zahlreiche Beispiele für die Überlegenheit von EA hinsichtlich der Lösungsqualität finden.

Diese uneindeutige Situation macht die Schwierigkeit deutlich, die mit empirischen Leistungsvergleichen von Heuristiken verbunden sind. Von dieser Schwierigkeit betroffen sind einerseits die Gestaltung und Auswahl der Testprobleme, sowie andererseits die Gestaltung und Auswahl der verglichenen Lösungsverfahren.

Voraussetzung bei der Auswahl und Gestaltung der Testprobleme ist eine ausreichend große, repräsentative Menge von Instanzen (Beispielen) des zu untersuchenden Optimierungsproblems, um aussagefähige Ergebnisse zu erzielen.

Die Auswahl und Gestaltung der Lösungsverfahren erfordert vergleichbare Daten relevanter Konkurrenzverfahren, um fundierte Aussagen treffen zu können. Da dies relativ schwierig ist, sind verschiedene Entscheidungen zu treffen:

- Die Auswahl geeigneter Konkurrenten erweist sich häufig als sehr aufwendig, da es schwer fällt, die potentiell leistungsfähigsten Konkurrenzverfahren zu finden.

- Es muss außerdem eine Entscheidung getroffen werden zwischen den beiden Alternativen Eigenimplementierung oder Literaturergebnisse. Einerseits ist es sehr aufwendig die zu vergleichenden Konkurrenzverfahren selbst zu implementieren,

---

[23] vgl. [GerKlaKru], S. 174f.

andererseits sind in der Literatur häufig nicht die notwendigen Daten für einen umfassenden Leistungsvergleich vorhanden.

- Die Aussagefähigkeit empirischer Leistungsvergleiche wird stark durch die zahlreichen Freiheitsgrade bei der Gestaltung von EA und Konkurrenzmethoden gemindert.

- Unterschiedliche *Indikatoren der Qualität einer Heuristik*. Hier stehen sich gegenüber *Wirksamkeit* (Fähigkeit, eine gute Lösung zu finden), *Einfachheit der Implementierung* und *Stabilität bei Änderung von Strategieparametern*.

- Zu den *allgemeinen Randbedingungen des Versuchs* gehören die Art der Initialisierungsmethode, das Abbruchkriterium und die Anzahl der Testläufe.[24]

4. Stärken und Schwächen von EA

Die Stärken Evolutionärer Algorithmen liegen vor allem in ihrer breiten Anwendbarkeit und der guten Anpassbarkeit an die Problemstellung, da sie mit geringen Anforderungen an die Struktur des Problems auskommen.

Aufgrund des Populationsansatzes gelingt es den EA sich von der Abhängigkeit vom Optimierungsstartpunkt zu lösen. Dies und die Tatsache, dass EA tolerant sind gegenüber vorübergehenden Verschlechterungen des Zielfunktionswertes (können lokale Optima oft wieder verlassen, solange die Population hinreichend heterogen) machen sie zu zuverlässigen Lösungsverfahren für komplexe Optimierungsprobleme.

Sie lassen sich auch auf Probleme anwenden, deren Zielfunktion nicht stetig und nicht differenzierbar ist, was ihren potentiellen Einsatzbereich erheblich verbreitert.

Die grundsätzlichen Prinzipien Evolutionärer Algorithmen lassen sich einem Laien einfach und verständlich erklären, was positiv für die Akzeptanz und den praktischen Einsatz von EA ist.

Eine weitere Stärke von EA ist ihre Anwendbarkeit auf Problemstellung, bei denen Vorwissen bezüglich der Anwendung nicht gegeben ist. Es lassen sich zwar in solchen Fällen keine überragenden Ergebnisse erzielen, aber die gegebene Situation sollte sich mit ihnen verbessern lassen.

---

[24] vgl. [NISS97], S. 243f.

Ihre gute Kombinationsmöglichkeit mit anderen Verbesserungsverfahren, mit künstlichen Neuronalen Netzen, regelbasierten Systemen und Fuzzy-Systemen macht sie ebenfalls wie die gute Parallelisierbarkeit aufgrund ihres inhärent parallelen Charakters zu einer erfolgreichen Optimierungsmethode.

Dir fehlende Optimalitätsgarantie ist eine der Schwächen von Evolutionären Algorithmen. Dass sie nicht mit Sicherheit in begrenzter Zeit ein globales Optimum für ein beliebiges Optimierungsproblem finden können, erweist sich jedoch in der Praxis als weniger schwerwiegend, da es hier vielmehr darauf ankommt in akzeptabler Zeit eine oder mehrere gute Lösungsalternativen zu finden.

Ihr populationsbasierter Ansatz und die Tatsache, dass EA im Optimierungsverlauf viele Zufallszahlen benötigen, macht sie sehr rechenintensiv. Doch Erfahrungen zeigten, dass ihr Rechenaufwand für komplexe Anwendungen im Mittel nicht signifikant höher ist als bei vergleichbaren Konkurrenzmethoden.

Evolutionäre Algorithmen sind gerade für unerfahrene Entwickler aufgrund der Vielzahl von Freiheitsgraden schwierig an die Problemstellung anpassbar. [25]

5. Rückschlüsse für praktische Anwendungen

Aus den oben genannten Stärken und Schwächen von Evolutionären Algorithmen lässt sich ableiten, in welchen Anwendungsbereichen EA vorteilhaft oder eher ungeeignet sind. Der Einsatz von EA ist nicht sinnvoll, wenn Optimierungsprobleme eine oder mehrere der folgenden Eigenschaften aufweisen:

- *Global optimale Lösung erforderlich*: Der Beweis, dass die gefundene Lösung global optimal ist, ist nicht möglich.
- Der *Einsatz effizienter Spezialverfahren* ist möglich.
- *Einsatz weniger ressourcenaufwendiger Hillclimbing-Verfahren*, wenn die Entscheidungsvariablen unabhängig voneinander optimierbar.
- *Nadel-im-Heuhaufen-Problem*: Um den Suchprozess zielorientiert zu gestalten fehlt es an nutzbaren lokalen Information.

---

[25] vgl. [NISS97], S. 247ff.

- Der Populationsansatz verursacht bei Problemen, die eine *aufwendige Lösungsbewertung* erfordern, einen zu großen Aufwand.

Bei einen oder mehreren der folgenden Eigenschaften liegen geeignete Anwendungsbereiche für EA vor:

- *Hohe Komplexität des Optimierungsproblems*: Ein hochdimensionaler Suchraum, ein multimodales Fitnessgebirge und mäßig hohe Wechselwirkungen zwischen den Entscheidungsvariablen sind gegeben. Außerdem existieren keine effizienten Spezialverfahren, die für die Lösung des Problems besser geeignet sind.
- Bei *stochastischen Einflüssen* bei der Lösungsbewertung erweisen sich EA als robust.
- EA können innerhalb weniger Generationen, ausgehend vom alten, das neue Optimum lokalisieren. Deswegen eignen sie sich für Optimierungsprobleme mit einer *dynamischen Umgebung und wandernden Optima*.
- Bei Vorliegen eines *kombinatorischen Optimierungsproblems*.[26]

---

[26] vgl. [NISS97], S. 257ff.

6. Fazit

Evolutionäre Algorithmen sind sehr leistungsstarke Such- und Optimierungsverfahren, deren potentielle Anwendungsgebiete speziell im Bereich der Optimierung nahezu unbegrenzt sind. Natürlich macht es wenig Sinn EA dort einzusetzen, wo sich bereits effiziente, konventionelle Algorithmen zur Lösung eines Problems durchgesetzt haben. Falls dies nicht der Fall ist, was bei realistischen Problemen häufig so sein wird, sollte zumindest der Versuch unternommen werden, Evolutionäre Algorithmen anzuwenden. Die Frage, welche Methode für ein Problem am besten geeignet ist, ist nur schwer befriedigend zu beantworten. Ausschlaggebend bei der Beurteilung von EA ist vor allem der Optimierungserfolg, der sich durch die Eigenschaften Lösungsqualität, Rechenaufwand und Zuverlässigkeit beschreiben lässt. Es lässt sich feststellen, dass jedes Optimierungsverfahren unterschiedliche Stärken und Schwächen aufweist und manche besser mit einigen Testfunktionen zurechtkommen als andere. Man kommt zu der Erkenntnis, dass „keine der modernen heuristischen Methoden im Bereich der Optimierung ist den anderen eindeutig überlegen"[27]

---

[27] [NISS97], S. 247

Literaturverzeichnis

[GERKLAKRU]   Gerdes, Ingrid; Klawonn, Frank; Kruse, Rudolf: Evolutionäre
                Algorithmen: Genetische Algorithmen - Strategien und
                Optimierungsverfahren - Beispielanwendungen. Wiesbaden: Vieweg
                2004.

[NISS94]   Nissen, Volker: Evolutionäre Algorithmen: Darstellungen, Beispiele,
                betriebswirtschaftliche Anwendungsmöglichkeiten. Wiesbaden:
                Deutscher Universitäts-Verlag 1994.

[NISS97]   Nissen, Volker: Einführung in evolutionäre Algorithmen:
                Optimierung nach dem Vorbild der Evolution. Braunschweig;
                Wiesbaden: Vieweg 1997.

[SCHÖHEIFED]   Schöneburg, Eberhard; Heinzmann, Frank; Feddersen, Sven:
                Genetische Algorithmen und Evolutionsstrategien: Eine Einführung
                in Theorie und Praxis der simulierten Evolution. Bonn; Paris:
                Addison-Wesley 1994.